第二版

给孩子们的火车历史绘本——

蒸汽火车的故事

陈曦 | 著/绘

中国铁道出版社有限公司
CHINA RAILWAY PUBLISHING HOUSE CO., LTD.

图书在版编目(CIP)数据

蒸汽火车的故事/陈曦著绘. —2版. —北京:中国铁道出版社有限公司, 2022.1(2025.1重印)
(给孩子们的火车历史绘本)
ISBN 978-7-113-28581-4

Ⅰ. ①蒸… Ⅱ. ①陈… Ⅲ. ①列车-儿童读物
Ⅳ. ①U292.9-49

中国版本图书馆CIP数据核字(2021)第242505号

书　　名：蒸汽火车的故事
作　　者：陈　曦

责任编辑：许士杰　　**编辑部电话：**(010)51873204　　**电子信箱：**syxu99@163.com
编辑助理：魏　明
封面设计：崔丽芳
责任校对：王　杰
责任印制：赵星辰

出版发行：中国铁道出版社有限公司（100054，北京市西城区右安门西街8号）
网　　址：https://www.tdpress.com
印　　刷：中煤（北京）印务有限公司
版　　次：2016年5月第1版　2022年1月第2版　2025年1月第3次印刷
开　　本：889 mm×1 194 mm　1/16　印张：4.5　字数：98千
书　　号：ISBN 978-7-113-28581-4
定　　价：49.80元

目 录

干燥的植物可以点燃火，产生光和热。植物还可以喂养动物，再从这些动物身上获得比人更大的力量。

很久很久以前，人类观察到天空中的闪电劈到了一棵干枯的树木引燃了火，从而认识了火，并且逐渐学会了利用火。

煤炭是一种植物的化石燃料。司炉工把煤扔进蒸汽火车的锅炉里，火就会越烧越旺。

火释放着光和热，通过蒸汽火车产生了前所未有的力量。

从此人类学会了火的另外一种用途，那就是它产生的动力可以带着我们去远行。

蒸汽火车是真正的“火”车。

火车诞生之前的欧洲四轮马车，前两轮可以转向，后两轮承重，马除了拉车没有承受负重。

车

是谁发明了车轮？

这一定是世界上最重要的发明之一。

——这就是车。

我们可以用马来拉车，但还是蒸汽火车更痛快。

同时期中国的马车结构要简单一些。马除了拉车还需要负担一部分车重，轮子和车体之间也没有减震悬挂。

我们已经无从考证。

人们在轮子上搭建一个平台用来承载重物

不过蒸汽火车永远要感谢马车几千年来不断改进的功劳。

火车的诞生

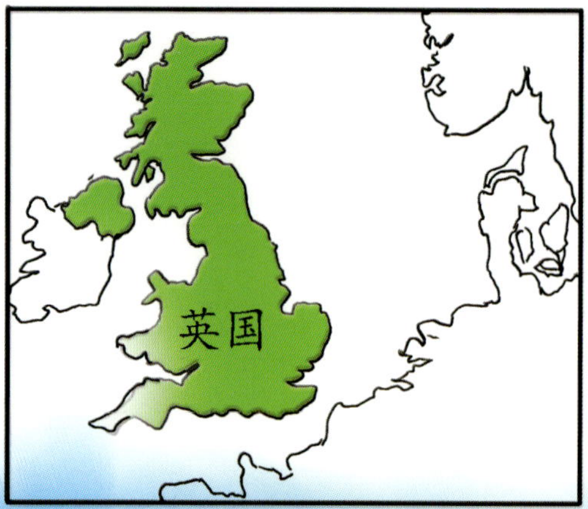

现在让我们回到两百年前的一个上午，在英国，一个叫乔治·史蒂芬森的人，他在一段铺设好的铁轨上向人们展示了一种蒸汽火车。那天很多人前来观看，人们都被这个会喷出烟雾的家伙给惊呆了，竟然把这当成了一场马戏团的魔术表演。以至于人们很快就忘记了这次火车首秀。

后来，史蒂芬森改进完成了“火箭号”，这是一种更先进更实用的蒸汽火车。为了让人们认识到火车的价值，他组织了一场比赛。开始时，骑马者一马当先，人们只看到蒸汽火车慢吞吞地前进，可是随着锅炉的蒸汽越来越足，蒸汽火车也越跑越快。经过了一段路程，马儿累了，可蒸汽火车却没有一丝疲惫。火车在最后一段超越了骑马者，最终赢得了比赛。从此，人们开始重视蒸汽火车了。

蒸汽机车的结构

蒸汽火车为什么能产生强大的动力呢？这要从蒸汽机动力说起了。早期的科学家从烧水壶得到启发开始研究。1769年，瓦特发明了可以使用的工业蒸汽机。那时的蒸汽机效率很低，要占用很大的房子才能产生足够的动力，后来有一些聪明又勤奋的人不断地改进蒸汽机的动力和体积，最终为蒸汽火车的诞生创造了条件。

蒸汽火车用了几年的时间，不断地改进，逐渐让人们认识到了它的优点和实用价值。

从此，蒸汽机开始改变这个世界，
现在人们又认识到了风能和水利的清洁和宝贵。

欧洲国家首先开始普及火车和铁路。原来寂静的森林和荒野也因为铺设了铁路变得热闹起来。蒸汽火车在各地奔跑，运送着旅客和货物。

人们的生活空间被蒸汽火车扩展了。有一个简单的例子，一个欧洲的老人，他过去如果要去看望一个远方的朋友，乘坐马车要走上几天，中途还要休息。现在有了火车，他早上出发，下午就可以和那个朋友见面了。

火车让货物运输变得更快捷了，人们购买商品的种类也更丰富了，就连发送的信件都更快了。

5566

火车必须要严格遵守时间，这样所有的火车才能在行驶中保持一定的安全距离。在铁路上，有信号灯、调度员和许多方法让火车按照时间准确运行。

在没有火车之前，人们对时间的要求并不高，火车的出现改变了人们的时间观念。如果一个人要乘坐火车，他必须准时赶到火车站，因为如果他迟到了，火车是不会等他的。

火车还在哪儿

火车除了运送旅客，还要在矿山、港口、工厂、森林等处工作，因为它们更适合那里的工作。

在矿山工作的蒸汽火车每天只在固定的一段铁路上运行，它总是拉着一长串的空车厢驶入矿山，再把装满矿石的车厢拉出来，干线上的其他蒸汽火车会把车厢运走。这些火车因为总是在调运车厢而不是长途运输，所以它们有一个称呼——调车。

这是一种山地蒸汽火车，它有很多气缸，虽然跑得不快，但是很有力气。➤

美国大扩张

就这样，蒸汽火车驶向了欧洲之外的大陆，首先就是北美新大陆。可以说美国的历史就是伴随着蒸汽火车的车轮拉开了序幕。人们不仅仅在东部建成了铁路网络，甚至把铁路一直修建到了西海岸，横穿了整个北美大陆，连接了大西洋和太平洋。这里面有着无数智慧与艰辛的故事，其中也包括几万中国劳工的贡献，许多华人甚至为此失去了生命。可此时在遥远的中国，蒸汽火车的声音依旧没有响起。

为什么有几万中国人在美国修建铁路，而我们自己的祖国却还没有铁路呢？这不是因为蒸汽火车的技术多么高深，也不是因为中国人不需要铁路，而是因为当时清朝顽固派的愚昧无知。

一直到1876年，英国人在上海修建了一条长14公里的窄轨铁路，这就是中国的第一条铁路——吴淞铁路。蒸汽火车第一次来到了中国，面对陌生的庞然大物人们都很惊奇，许多人都愉快地乘坐了火车。可是仅仅一次交通事故，反对者就把怨恨发泄到了无辜的蒸汽火车身上。最终这条铁路和火车都被清朝政府买下，一年后铁路被完全拆除，又过了一段时间，连同蒸汽火车一起被运到了我国台湾。

轨距

一直到 1881 年，为了给海军的军舰运煤，清朝政府才修建了一条十几公里长的小铁路,管理这段铁路的竟然是海军。可是没过多久，清朝政府就不允许在这条铁路上使用蒸汽火车了，理由竟然是怕蒸汽火车打扰到地下的皇陵。就这样火车停驶了，取代火车头的是马匹。这种历史的倒退在英国也发生过，可那是在蒸汽机车发明之初一段非常短暂的时间里，人们以为蒸汽机车的动力比不过马匹。在此之前铁路已经诞生，不过在铁路上工作的不是蒸汽机车而是马，所以现代铁路的国际标准轨距 1435 毫米就是来源于两匹马屁股加起来的宽度。可在当时的中国，这完全是因为人为的偏见和对科学的无知。

1886年北洋大臣李鸿章决定要对王室进行一次火车推销，他在京城修建了一条小铁路，让那些王公大臣们体会到了火车的优越。最终在海防压力下，1889年清朝政府终于决定开始修建铁路和引进蒸汽火车了。

可是这已经比西方晚了几十年。在这几十年里世界发生了翻天覆地的变化，蒸汽机带来的工业革命已经让西方国家和亚洲的日本逐渐变成了工业化强国。他们的车站、工厂、港口到处都是忙碌的身影。

火车终于来到中国

危机的寒冬将至，火车却仅仅走进了中国宫殿的围墙里，几十年的时间确实太长了，就算是一个初生的婴儿也都已经变成了大叔。这种差距也预示着一场苦难的开始。

方便中的不便

清朝政府经过几次战争，认识到了火车和铁路的价值，但是虚弱的国力已经支撑不起铁路建设的巨额费用了。怎么办呢？只能借洋人的钱。可是这不但要承担高额的利息，还要出卖路权。于是一个奇怪的现象出现了，那时的中国铁路被列强分成了一段一段的，由不同的铁路公司经营。旅客如果是长途旅行，就要背着大包小包不断地在连轨站换车。

詹天佑和京张铁路

虽然中国的大地上跑起了火车，但是铁路基本都掌握在外国列强手中。那一年，从北京到张家口的铁路要修建了，列强们都想得到这条路。清政府又谁都得罪不起，最后决定由中国人自己完成这条铁路。爱国工程师詹天佑领命，用了不到四年的时间在高山峡谷之间完成了这项艰巨的工程。这是第一条完全由中国人自己设计、出资和建造的铁路。

詹天佑

詹天佑早年在一个叫金达的英国人手下工作。金达从小就跟随他的父亲在亚洲各地修铁路、造火车。后来他来到了中国，并且一直在中国工作了二十多年，清朝政府甚至封他为二品官员。他主持设计修建了中国历史上第一条运营铁路唐胥铁路。

更有历史意义的是这里诞生了中国第一台蒸汽机车。

“龙号”机车

据说当时的工人师傅利用了一个废旧的锅炉和许多旧的零件，仅花费了520块银元就建造了这台蒸汽机车。大家都很兴奋，他们在火车的两侧铸成了中国龙的图案，把这台机车命名为“龙号”机车。

火车和铁路就这样在中国伸展。清朝政府经过了几次战争的失败，认识到如果没有铁路和火车，就算拥有大量的现代化军队也不能在第一时间赶到战场。整个国家的工业发展需要大量的人力和物力，这些都是需要蒸汽火车在铁路上运输的。可是清朝政府也不相信西方列强,因为他们就像狼群一样在意图瓜分中国。可是铁路也要修建呀。这一年从北京一直往南到达长江边上的京汉铁路需要修建了，为了平衡列强，他们把这个巨大的工程交给了一个欧洲的小国比利时。可是比利时的背后还是列强资本。但是不管怎么说，火车第一次跨越了中华民族的母亲河——黄河。

在寒冷的北方，俄国人的火车和铁路穿越了人烟稀少的西伯利亚。他们就像是一个理发师，在头发一样密集的森林中开辟出一条铁路。

在炎热的南方，法国人也在建设铁路。他们在崇山峻岭中架设桥梁，开凿山洞，还建造了著名的人字形铁路桥。

清朝政府迫于威胁，开始解除对东北地区的移民禁令。现在因为有些路段铺设了铁路，虽然车票并不便宜，但是比起用双脚步行所付出的代价来说已经是很划算了。每一趟驶向北方的列车上都挤满了来自关内的农民和破产者。对他们来说，这趟火车就是他们未来生活的希望。

闯关东的火车

在十年的时间里，东北地区的人口增加了近一倍。虽然俄国和日本一直在争夺中国的东北，并且控制了铁路，但是东北广阔的腹地还是在中国人的手中，并且关内外的联系也更加紧密了。

那时候乘坐火车

这种比一等车厢还要豪华的列车只有很少数的人可以乘坐。

那时候的火车车厢连接处是露天的，乘客可以把头伸出车窗外享受自然风。

如果说闯关东的火车兴起了中国最早的“春运”，那么你可能会想知道当时他们如何乘坐火车。那时的火车速度很慢，蒸汽火车经常需要加水加煤；列车也分为一等车厢、二等车厢和三等车厢；蒸汽火车几乎每个车站都会停留，旅客们可以走下火车到站台上购买各种食物。从那时候起，火车开始承载越来越多的憧憬和乡愁。

火车和革命

1911 年，中国各地已经修建了一些铁路，可大部分都没掌握在中国人的手中，其中四川还爆发了因为铁路的暴动。驻扎在湖北武昌的一部分军队被派往四川镇压暴动，这样留守在武昌的其他起义军就有了机会，他们发动了震惊中外的武昌起义。

清朝政府派出了最精锐的北洋新军乘坐火车从北京南下前去镇压，起义军在武昌以北阻击敌人。在激烈的战斗中，全国各地纷纷开始响应，就这样清朝覆灭了。

火车老站

北京正阳门站

青岛老站

长春老站

武汉大智门站

火车老站是那个时代最气派恢宏的建筑，也记录了那个时代最浪漫时尚的瞬间。无论是父子送别的背影，还是恋人相聚的剪影，多少人最难忘的记忆就定格在了这些火车老站。

那个年代，谁控制了铁路谁就控制了一个地方的命脉。自从1905年日本在日俄战争中取胜之后，日本在1910年完全吞并了朝鲜，并且成立“满铁”，开始控制中国东北的铁路。

利用火车的阴谋

“满铁”并不是一个简简单单的铁路公司，它其实还是一个军事和情报收集部门，日本的野心和当时的东北统治者张作霖发生了冲突，于是他们在铁路上精心策划了一次改变中国历史的刺杀事件。1927年张作霖的军队正和中国南方军阀混战，他从北京乘坐火车返回奉天（沈阳），火车马上就要到达车站了，可是日本人在皇姑屯这个地方安放了炸弹，张作霖被炸身亡。四年之后，还是在这条日本控制的铁路上，日本自己炸毁了一段铁路，却污蔑到中国军队身上，并以此为由进攻北大营，这就是九一八事变，从此东三省逐渐落入日本侵略者之手。火车只是个机器，操作机器的是人，可是偏偏有人利用火车实现一个天大的阴谋。

巅峰时刻

1938 年英国的“绿头鸭”高速蒸汽火车以每小时 202.8 千米的速度创造了当时的世界纪录，这个纪录一直保持到 1946 年。美国的“大机器”号为了弥补一次晚点，曾把速度开到每小时 226 千米。

20世纪30年代之后，蒸汽火车的巅峰已经到来。这是蒸汽机时代的“高铁”，蒸汽火车同样有着流线型的外观，创造着那个时代的速度奇迹。

最黑暗的用途

这些人有的是第一次乘坐火车，也有可能是最后一次。火车成为了他们永远不能抹去的记忆符号。火车承载了许多人的苦难，也见证了许多家庭的生离死别。臭名昭著的德国纳粹就曾把几百万犹太人用火车运送到集中营进行处决。

游击队员遇到了一个难题。

火车进入战争模式

火车拥有巨大的运载能力，它成了战争中后勤供应的绝对主力，更多的武器装备通过火车运往战场。但是这种高效对整个人类来说意味着更多的杀戮和消耗。

早在美国的南北战争中，北方军队就开始利用火车运送士兵和武器、弹药、食品、燃料等战争物资。到了20世纪，交战双方都开始全面利用火车运输。两次世界大战让更多的人通过铁路走向战场，这是所有人都不愿意看到的事情。

抗战中的火车

在抗日战争时期，中国大地上的蒸汽火车也都被带入了战争模式。当时中国北方大部分地区沦陷，铁路和火车都落入日本侵略者手中，他们在铁路沿线驻扎军队，修筑碉堡和炮楼。这时火车和铁路成了侵略者的工具。

一些勇敢的人在铁道线上和敌人战斗，他们被称为铁道游击队。他们挖坏路轨破坏火车，劫走火车上敌人的物资，给敌人制造了很大的麻烦。他们熟悉火车也喜爱火车，但是为了赶走日本侵略者只能忍痛先破坏掉它们，并盼望着胜利的时候能驾驶火车为国人服务。

一些蒸汽火车为新中国立下了汗马功劳。

在解放战争中，人民解放军打到哪里，“毛泽东号”机车就开到哪里，及时地为部队送去后勤补给。

在朝鲜战争中，这些蒸汽火车和志愿军一起组成了敌人打不垮、炸不烂的钢铁运输线。

在建设新中国的日子里，他们成为了热火朝天的建设标兵。

可以说这些蒸汽火车是那个时代的功臣。

曾经难以跨越的天堑上修建了各种雄伟的铁路大桥。从西北的广阔边疆到西南的崇山峻岭，国产的火车轰隆隆地驶过。

20 世纪 50 年代，战争结束了，新中国也迎来了和平。在那个火红的年代里，饱经风霜的人们对生活和工作都有着前所未有的巨大热情。中国铁路开始了史无前例的建设。

中国的蒸汽机车也进入到最辉煌的年代，由中国设计和制造的蒸汽机车一点儿也不比外国的差。著名的前进型、上游型、建设型蒸汽机车，一共生产了八千多台。这些蒸汽机车奔驰在祖国的大江南北，成了那个年代最耀眼的身影。

国产的骄傲

火车第一次来到这座古城

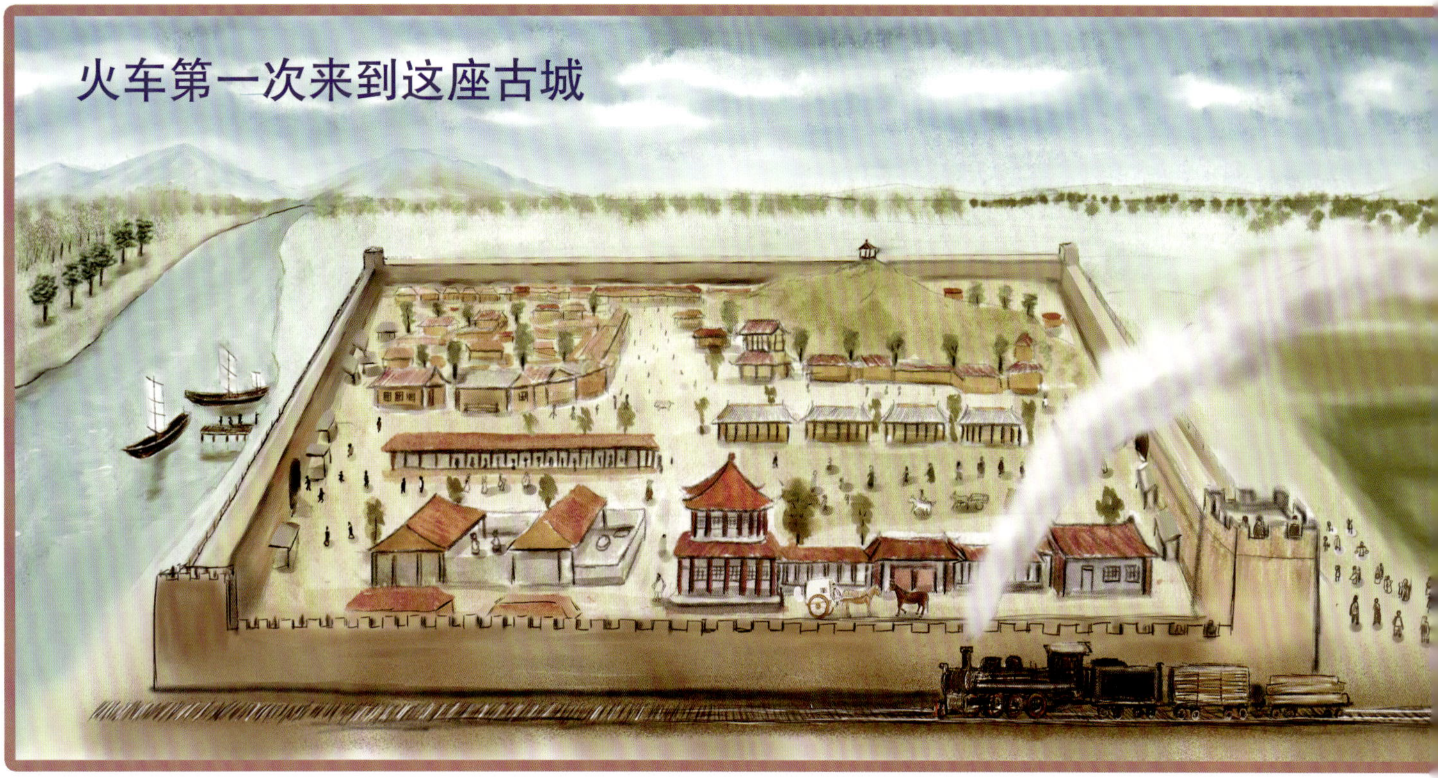

火车跑出来的城市

在蒸汽火车来到中国的一百多年里，中国出现了许许多多的新兴城市，这都和火车、铁路密切相关。那些处在铁路与铁路交汇点，或者铁路与江河交汇的地方，都注定发展成为中心城市。曾经默默无闻的小镇因为火车和铁路变得日渐兴盛，一座矿山或一条河流因为供应了火车的燃料或运载的货物变得日趋重要。时光飞逝，现在的城市格局就这样形成了，但我们还是能从仅有的几处古迹看到过去的影子。而那些与火车不那么投缘的古代都城或重镇却逐渐失去了往日的辉煌。

曾经的古城变成了现代大都市

这就是最有代表性的22型绿皮车。22是它的型号，这种客车车厢和黑色的蒸汽机车组成了一幅经典的画面。

在相当长的一段时间里，这就是标准的客运火车形象。现在看来绿皮车是简陋的，车内没有空调，一到夏天车内的电风扇就摇头晃脑地转起来，靠窗的旅客会拉开车窗享受迎面吹来的风；冬天取暖全靠车厢内的一个小型炉子，还需要列车员不时地添加燃料。

蒸汽火车好伴侣

应该说蒸汽火车并不是高效的。驾驶蒸汽机车并不是一件容易的事情，这真是一个体力活，遇到上坡需要拼命往炉子里添煤，到了车站还要快速地给机车加水、加煤，无论寒冬酷暑都要常年在这种半室外的环境中工作。可是即便如此，火车司机仍然是一个让许多人向往的职业。

火车司机

20 世纪 50 年代的火车司机会说：“嘿，我是军官啊！”那时蒸汽火车司机是绝对的高技术含量工作，用现代的话来说就是属于稀缺的“金领”人才。虽然后来蒸汽火车越来越多了，铁路学校也培养了更多的铁路人才，但是人们对火车司机的向往还是没有改变，有的人是看中了火车司机的高工资待遇，也有一些人是对蒸汽火车与生俱来的崇拜。

曾经的火车大电影
1959年的一天，由沈阳开往北京的12次列车在大雨中出发了。
司机和车长对暴雨忧心忡忡。
前方的道路都变得模糊不清了。
几个巡道工在前方发现了险情。
紧急情况下他们燃起了火焰。
12次列车看到了信号，在最后时刻急刹车。
火车刚刚倒车驶离危桥，那段桥面就被洪水冲毁了。

更大的洪峰追赶着火车一路倒行。
火车沿途还搭救了许多落水者。
天晴了，火车却被困并且失联。
人们在这个洪水中的孤岛上相互帮助共渡难关，终于等到搜救飞机空投下的救灾物资，所有人都得救了。
这就是 1960 年拍摄的一部取材于真实事件的火车大电影《12 次列车》。

蒸汽火车来到中国晚了一些年，那就在中国多待上一些年。2005年世界上最后日常运行的蒸汽火车在中国内蒙古的集通铁路上停止了工作。从此，除了极少数蒸汽机车在矿山工作之外，人们已经很难再看到“活”的蒸汽火车了，但是还有许多人怀念它。

这个仿佛有生命的庞然大物，从远方呼啸而来，带来那个时代最强大的动力、最优雅的旅行、最难忘的记忆，这就是我们永远的蒸汽火车。

后　记

火车为什么叫火车呢？回答这个曾经很简单的问题现在竟觉得有些难度了。火车一词最初由蒸汽机车而来,并沿用至今。火车（列车）由车头（机车）和车辆组成，并不单指车头，而是指整个车列。早期的火车都是由蒸汽机车牵引的,所以人们习惯把这种火车叫作“蒸汽火车”,其实这种说法并不十分准确，不过为通俗起见，本书对蒸汽火车的说法予以保留也不做严格区分。在“活着的”蒸汽火车即将在我们这个星球上绝迹的时候，看着博物馆里的那些庞然大物，就像看着史前的恐龙，你还知道多少关于这些“火车”的故事？这些已经消失或正在消失的记忆。因为即便是中国“80后”的一代，在他们的童年时光里也未必都亲眼见到过蒸汽火车。这种肚子里烧着火的机器喷涌着烟雾威风凛凛地呼啸而过，发出撞击声和汽笛声。它体积庞大，给人一种勇往直前无所畏惧的震撼。今天这种场面难得一见了，作为最后运营蒸汽火车的国家，中国的高铁里程已经成为世界第一。现在我们可以在火车上看着屏幕，吃着美食完成一段美好舒适的旅行，不过许多人还是会留恋绿皮车窗外看到的风景，和那迎面吹来的风。对他们来说，蒸汽火车并不只是一种普通的交通工具。

在历史的长河中火车的车轮承载着科技发展，推动着社会变迁，在人生的旅途上它总是帮我们记起那些最让人难忘的岁月和情怀。我们不会忘记第一次坐上蒸汽火车去旅行时的兴奋，不会忘记在站台上送别的感伤，不会忘记在候车室里的雄心壮志，更不会忘记童年时每天上学路上看到的火车，放学后走过的铁轨，以及深夜里远方传来的那悠长的汽笛声。希望这册绘本能唤醒一些留恋,传承一些过往。一直以来西方关于火车历史的绘本占据着中国孩子的床头，本书也是第一次以中国的视角,用绘本的形式给中国的孩子讲述关于蒸汽火车的故事。

给孩子们的火车历史绘本——
蒸汽火车的故事

给孩子们的火车旅行绘本——
火车带我去远行

给孩子们的火车历史绘本——
内燃机车的故事

给孩子们的火车故事绘本——
火车站里的小鸟

给孩子们的火车历史绘本——
电力机车的故事

给孩子们的火车知识绘本——
高铁动车的故事

给孩子们的火车旅行绘本——
我们在这里相遇

加油！火神山上的工程车

给孩子们的火车知识绘本
铁道车辆的故事

给孩子们的火车图鉴绘本
铁道车辆 一

给孩子们的火车图鉴绘本
铁道车辆 二

给孩子们的火车图鉴绘本——
蒸汽机车（一）

给孩子们的火车图鉴绘本——
蒸汽机车（二）

给孩子们的火车图鉴绘本——
蒸汽机车（三）

给孩子们的火车图鉴绘本
内燃机车（一）

给孩子们的火车图鉴绘本
内燃机车（二）

给孩子们的铁路科普绘本——
高铁开通了

给孩子们的火车图鉴绘本
高铁动车（一）

给孩子们的火车图鉴绘本
高铁动车（二）

给孩子们的童年生活绘本——
我们的一天

扫描下方二维码，了解更多绘本资讯，
分享更多知识心得。

作者微博

侯鸟驿站的掌柜

作者公众号

陈曦绘本

作者简介

陈曦，知名原创绘本作者。从第一次带娃接触绘本图书开始，就由国内原创作品匮乏的状况出发，全身心投入创作。如今的他已是三个孩子的爸爸，且已经出版了二十多部绘本作品。作为资深的火车迷、军事迷、装备迷，他具备专业的眼光和独特的视角。在这个数字时代，从小学画的他坚持用纯手绘的方式唯美展现各种中国题材的火车、飞机、舰船等交通载具，用图文结合的方式科普交通运输等方面的知识，抓住童心未泯的生活感悟，为小读者及家长们呈现一部部具有艺术美感、工业力量和时代主题的绘本作品。他的多部作品入选中华优秀科普图书榜、书香中国首届“中国原创绘本200书单”、农家书屋重点出版物推荐目录、全国中小学图书馆（室）推荐书目、国家新闻出版署《3～8岁儿童分级阅读指导》标准推荐书目等。孩子在绘本的书香中成长，陈曦的绘本之路也将更加精彩。